# MÉMOIRE

# A L'EMPEREUR,

SUR

## LES GRIEFS ET LE VŒU DU PEUPLE FRANÇAIS.

PAR NARCISSE-ACHILLE DE SALVANDY.

La justice est le point d'appui de l'autorité : celle-ci n'est chancelante que lorsqu'elle est hors sa base.

MARMONTEL. Bélisaire.



A PARIS,

CHEZ DELAUNAY, LIBRAIRE, AU PALAIS-ROYAL;

ET CHEZ LES MARCHANDS DE NOUVEAUTÉS.

25 Mai 1815.

A

# SA MAJESTÉ L'EMPEREUR.

SIRE,

MON âme venait à peine de s'ouvrir à l'existence, quand les Français saluèrent pour la première fois leur libérateur dans le victorieux débarqué de Fréjus. Les acclamations de la patrie retentirent au fond de mon cœur; j'applaudis à vos triomphes avec tout l'enthousiasme d'une imagination ardente; je m'enivrai, plus que vous peut-être, de vos prospérités; et quand enfin la catastrophe de Moscou eut marqué le terme de votre toute-puissance, je ne sus qu'accuser la fortune d'avoir trahi le génie : j'étais trop jeune, et trop abusé pour comprendre que le génie s'était trahi lui-même.

Depuis, avec des années, j'ai acquis des lumières. La réflexion m'a révélé Napoléon tout entier.... mais, Sire, vous n'avez pas cessé de me paraître un grand homme, et l'épreuve du malheur vous donnait, à mes yeux, *ce je ne sais quoi d'achevé*, qui, jusques-là, manquait à votre gloire. Durant votre exil, j'ai combattu vos calomniateurs avec autant de persévérance, que j'avais déployé de bravoure à combattre vos ennemis sur les champs de bataille; et je m'énorgueillis encore d'avoir payé ma dette envers l'infortune, quand on oubliait à l'envi votre grandeur de toujours, pour songer seulement à votre impuissance et insulter à votre chute.

Aujourd'hui, je viens vous offrir, pour la dernière fois, l'hommage de mon dévouement; je dis pour la dernière fois, parce que, si vous acceuillez la voix de la justice, la crise actuelle ne se renouvellera jamais, et que, si vous cédez aux séductions du pouvoir, je serai forcé de distinguer de vous la France, et de ne plus être que le soldat de la patrie.

Votre Majesté a vu la vertu couronnée monter à l'échafaud, la force tomber du trône, la bonté perdre ses droits. Quelle est donc la sauve-garde des princes? Sire, c'est la vérité. Aussi vais-je vous parler son langage austère, mais utile: Napoléon est digne de l'entendre.

Je commencerai par rappeller un principe que vous ne méconnaîtrez pas sans doute, puisque ce n'est qu'à sa faveur que vous avez pu, en 1805, prendre la couronne de Charlemagne, et rentrer aujourd'hui en possession du sceptre d'Henri IV; un principe qui sera une garantie pour vous, si vous régnez par le peuple, et une garantie pour le peuple, si vous régnez par le despotisme : c'est que la marche des révolutions ne rétrograde jamais.

Avec votre retour, a commencé pour nous un nouveau période de renaissance politique. La France, plus qu'en 89, veut être libre, parce que les évènemens, en se pressant avec une prodigieuse rapidité, l'ont fatiguée du poids de la monarchie absolue de Louis XIV, et des abus du gouvernement d'un prince vertueux, mais faible. La France, mieux qu'en 89, saura être libre, parce qu'éclairée par les funestes leçons du passé, elle dirigera, sans échouer, sa marche prudente et sûre entre les écueils opposés du despotisme et de l'anarchie : notre vœu est trop fortement prononcé, pour qu'il vous fût plus facile de nous reproduire le régime de 1814, qu'il ne l'eût été aux Bourbons de ressusciter les vassalités du 14e siècle. Et si, méritant à votre tour l'accusation dont vous les avez frappés, vous pouviez *n'avoir rien oublié, ni rien appris*, vous éprouveriez toute leur fortune, et vous emporteriez le désespoir d'avoir perdu tous les fruits d'un règne glorieux de quinze ans, et d'une abdication que l'on a crue, onze mois, plus glorieuse encore.

Je ne pense pas que la France puisse être désormais asservie; mais certainement, elle ne peut plus l'être par vous. Pour subjuguer un peuple qu'on ne peut pas maîtriser par la force, il faut lui apparaître marqué au sceau de la fatalité, lui inspirer une sorte de religion, en obtenir un culte... Sire, vous n'êtes plus environné de prestiges; vous avez autant de juges que vous aviez d'admirateurs, et que vous avez de sujets. Votre secret est connu; on sait que vous êtes homme, que l'on pourrait dire de vous, sans sacrilège, ce qui fut dit de César : qu'il y a peut-être en vous plus d'un Marius ! La France, toujours en garde contre vos entreprises, vous suivra pas à pas pour vous dire : *Hùc usque venies, et non procedes ampliùs;* et peut-être que le jour approche où voulant une seconde fois consacrer ses droits par un grand sacrifice..... Sire, craignez de devenir la victime de notre holocauste de réconciliation avec la liberté comme avec le monde.

S'il est encore des courtisans assez dégradés pour vous dire, qu'à votre aspect la France a manifesté un sentiment universel de joie, ne le croyez pas, Sire; on vous trompe; on vous perd !

Votre miraculeuse apparition a frappé de stupeur. On a craint de voir débarquer à votre suite la guerre civile, la guerre étrangère, et ce qui aujourd'hui nous effraie davantage, cette puissance colossale qui foulait les lois, écrasait la liberté, menaçait l'indépendance de tous les peuples. Et quand on songeait au prodige qui vous a rendu au palais des rois, on éprouvait, non l'admiration qu'inspirent les grandes choses; mais l'étonnement qui résulte des événemens extraordinaires. Une triste expérience doit vous avoir appris la valeur de quelques acclamations, souvent vénales, presque jamais raisonnées, toujours insignifiantes, puisqu'elles ne seraient tout au plus que l'expression des sentimens d'un parti; et vous avez compris que les hommages de quelques communes de la Bourgogne et des confédérés de nos faubourgs, n'étaient point les transports de l'allégresse publique. Ce n'est pas que je veuille ravir à Votre Majesté la pensée d'avoir, par son retour, exaucé bien des vœux; mais ces vœux étaient ceux de bons citoyens, qui, redoutant le joug de la féodalité, invoquaient un libérateur; et, qu'il me soit permis de le dire, vous auriez, dès demain, en eux, autant de sujets rebelles, si vous ne vouliez pas être le premier sujet de la loi, et obéir à la volonté du peuple Français. Il n'est pas une de vos dispositions législatives qui n'ait fait évanouir bien des illusions ; et il semble que vous vous isolez de la nation, comme la nation se trouve, par votre présence, isolée de la grande famille européenne.

Si Votre Majesté n'est pas trahie par ce qui l'environne, Votre Majesté se trahit elle-même, en travaillant de ses propres mains à accélérer la chute du trône impérial ; Votre Majesté trahit la France, en invoquant sur notre malheureuse patrie tous les désastres de l'anarchie et de la guerre.

Sire, vous vous êtes étrangement abusé, si vous avez cru être rappellé par l'amour de la nation : l'amour n'est pas le sentiment que Napoléon a pu, jusqu'à présent, inspirer aux peuples : ce fut presque toujours l'admiration ; et le dirai-je ? trop souvent la crainte.

Vous vous êtes également abusé, si vous avez cru les Bourbons chassés par notre haine. Une grande majorité craignait, il est vrai, sous leur règne, les attaques des préjugés nobiliaires et de l'ambition sacerdotale ; mais tout le monde respectait en eux des générations, des vertus, des malheurs, et pour ainsi dire aussi, des fautes nées de la faiblesse et quelquefois de la bonté.

Si donc Votre Majesté n'a eu qu'à se présenter

pour ressaisir le sceptre, c'est qu'on aimait à vous croire détrompé des fallacieuses séductions d'une grandeur personnelle, fatigué de régner sur des esclaves, jaloux de mériter l'estime d'hommes libres, et de commander la reconnaissance au grand peuple par le bienfait d'une restauration nécessaire; c'est que nous vous supposions de retour parmi nous pour conquérir une vraie gloire et vous asservir les suffrages de la postérité, en prouvant que César n'avait pas survécu aux ides de Mars, et que la France avait en vous son Washington.

Sire, que doit penser cette déplorable France, lorsqu'à l'exemple des Bourbons, vous prétendez avoir entraîné la patrie dans votre exil, et régné sur nous du fond de l'île d'Elbe; lorsque, ainsi qu'eux, vous débutez par vous arroger la dictature; et qu'au lieu de nous *octroyer* une charte, vous nous *imposez* des constitutions, réprouvées par nos intérêts et par nos vœux?

Quand on a vu Votre Majesté prendre, dans ses premières proclamations, le titre d'Empereur des Français, on s'est demandé avec surprise et douleur, si les circonstances qui vous avaient sollicité à sacrifier la couronne au bonheur des Français n'existaient plus, si la guerre civile n'était pas, comme alors, imminente; si, comme alors, la patrie n'était pas exposée aux armes d'une croisade européenne ; on s'est demandé si vous aviez oublié cette étonnante abdication, qui semblait le plus beau monument d'un règne destiné à fournir tant de nobles pages à l'histoire. Quand un décret de Lyon a cassé le sénat, ce corps avili, mais sacré pour l'autorité souveraine, on s'est demandé de quel droit vous osiez, comme les Bourbons, dissoudre une assemblée en qui vous aviez reconnu l'organe de la volonté nationale, lorsqu'elle mettait à vos pieds la pourpre, et qui n'avait, selon vous, commencé à trahir la patrie, que le jour où elle avait repris les pouvoirs qui vous avaient été délégués par elle ; on s'est demandé comment vous pouviez, sans l'aveu légalement prononcé du *peuple*, détruire les colléges des représentans du *peuple*, choisis ou consacrés par le *peuple* pour conserver les droits du *peuple ;* on s'est demandé ce que vous pourriez répondre au sénateur qui vous dirait : « Nous existons tous deux d'après les « mêmes constitutions : d'après des constitutions « que rien n'a pu détruire, puisque la France ne « les a point révoquées ; mais je suis sénateur et « vous n'êtes rien : car je n'ai pas renoncé à mes « droits, et vous avez abdiqué les vôtres. » Comme nos cœurs se sont serrés, quand nous avons vu un prince né de nos révolutions, un empereur dont le trône s'était élevé au milieu des arbres de liberté qui ombrageaient la France, traiter la France en province conquise, et déclarer la couronne, l'inaliénable propriété de sa famille ; lui, qui n'aurait jamais été élevé sur le pavois, si nous avions pu être le patrimoine d'une dynastie ; lui, qui ne règne de nouveau sur nous, que parce que la plus ancienne et la plus noble race du monde avait cru qu'une possession de huit cents ans légitimait une éternité de domination ! Combien on vous a trompé, Sire, en publiant, sous vos auspices, cet acte additionnel, vicieux par le fond, plus vicieux par la forme ! A quoi pensent les adulateurs qui vous environnent de leurs suggestions perfides ? Se croient-ils aux jours prospères où l'on peut sans crainte fouler une nation endormie au sein de la paix ? Ne voient-ils point que si le peuple ne s'arme, la cause de la tyrannie succombera en même temps que la cause de la liberté ? Ne sentent-ils point que pour sauver la France, il faut nationaliser la guerre ; que, pour nationaliser la guerre, il faut de chaque homme faire un citoyen, afin que chaque citoyen devienne un soldat. Les Français de 92, à l'approche de l'ennemi, n'eurent qu'une pensée, qu'un besoin, qu'un cri de ralliement ; et ils triomphèrent de l'Europe ; et les débris de leurs armées ont salué les colonnes d'Hercule, réveillé la cendre des Jagellons, poursuivi le Moscovite au fond de ses déserts. Les Français de 1814 ont vu, sans émotion, les armées du monde entier franchir nos frontières et dévaster nos provinces ; ils avaient pu oublier qu'ils eussent une patrie, puisque *la patrie n'est autre que la liberté et la loi ;* et dans le désespoir de recueillir toujours et de ne posséder jamais, il leur fut moins pénible de voir les fruits de leur labeur dévorés par le Calmouk ou le Baskir, qu'engloutis sous les degrés d'un trône élevé pour tout protéger, tout conserver et tout défendre. Sire, voyez comme devant nous se déroule l'effrayant période des trois premiers mois de 1814. Voyez comme les Français de 1815 demeurent indifférens à la discussion des grands intérêts qui les environnent, parce qu'au lieu d'être les vrais champions de la lutte qui se prépare, ils sentent trop qu'ils n'en seront que le prix. D'où vient que la terre des braves n'a pas quatre cent mille défenseurs en armes? C'est qu'elle n'est plus la terre de la liberté ; c'est que Washington ne l'a pas frappée du pied pour lui demander des légions.

Napoléon! Napoléon! daigne écouter la voix d'un soldat qui sera le premier à couronner tes statues, le jour où tu auras fait une grande offrande à la liberté sur l'autel de la patrie. Je t'admire! Je sens que j'ai besoin du spectacle de ta gloire, pour satisfaire le besoin de gloire qui me dévore. Mais je veux que tu veuilles le bien de la France; je veux que tu te maintiennes au trône.

Sire, la nation va s'assembler. Vous allez vous trouver au milieu de trente mille de ses représentans. Se peut-il que vous ayez l'intention de commander le silence à ce grand peuple dont vous avez, à la face du monde, proclamé la souveraineté? Ne sentez-vous pas que, rappelés malgré nous à 89, nous pouvons, en un instant, voir se renouveler tout 93? Au lieu de résister au torrent de la nouvelle révolution qui se prépare, pourquoi ne pas lui céder? Pourquoi ne pas maîtriser son cours? Pourquoi ne pas, à sa faveur, consolider le trône en cimentant ses bases? Comment a-t-on conçu la pensée de mieux maîtriser par vous le Champ-de-Mai, que l'infortuné Louis XVI n'a dominé les États-Généraux? Compte-t-on sur votre génie? Mais nous sommes en garde contre sa puissance; et la force qui nous a opprimés n'aura pas plus d'ascendant sur nous, que les vertus n'ont eu d'influence sur les délibérations de nos aînés. S'étaie-t-on de l'appui de l'armée?... Sire, je n'ose croire qu'on nous ait ainsi colomniés auprès de vous. Vous auriez répondu que parmi tant de défenseurs de la patrie, à peine trouverait-on une poignée de satellites du despotisme et de bourreaux de la liberté; que vous connaissez trop les braves conduits quinze ans par vous à la victoire, pour croire que ceux-là mêmes qui vous ont porté au trône, ne fussent pas les premiers à obéir à la voix de la nation et à vous précipiter, si vous pouviez oublier qu'il n'y a d'absolu que le pouvoir des lois; vous auriez répondu surtout qu'il n'est pas un de nous qui ne se souvienne que vous nous avez dit autrefois : « Grenadiers! si je viens à violer les droits du « peuple Français, vous tournerez vos baïonnettes « contre moi! »... Enfin, espère-t-on dans toutes ces fédérations formées parmi les derniers rangs du peuple, d'hommes animés de sentimens généreux, mais qui n'offrent aucune garantie contre les excès où les peuvent entraîner les passions remuantés des partis? Non, Sire. Craignez que de *cette attitude imposante qui frappe de terreur* toutes les classes de la société, on n'attende point le salut de Votre Majesté, mais bien l'anarchie. Craignez d'avoir auprès de vous des hommes qui veuillent vous faire succéder toutes les horreurs du régime révolutionnaire, dans l'espoir de surnager encore une fois au milieu du nouvel océan de maux où ils auraient abîmé la France.

Sire, de tout ce que j'ai eu l'honneur de dire à Votre Majesté, que conclure? c'est que l'attente du peuple Français a été trompée, et que tout-à-l'heure votre puissance peut, comme votre gloire, succomber aux coups de l'Europe conjurée, et de la nation réunie à l'armée pour reconquérir ses droits. Que faut-il en conclure encore? c'est qu'en réalisant nos espérances, vous rallierez autour de vous la France, et que vous vous environnerez de toutes les forces de trente millions d'hommes déterminés à mourir libres.

Il est une pensée trop généreuse pour n'avoir pas été conçue par l'âme de Votre Majesté, trop grande pour n'avoir pas exercé les méditations de votre génie; et sans doute, si vous n'avez pas accompli un dessein qui vous aurait environné de la plus belle des gloires, si, comme Washington, vous n'êtes pas venu nous donner une constitution libre, combattre pour notre indépendance, et rentrer dans les rangs d'une condition privée, c'est que vous ne l'avez pas cru nécessaire pour le bien de la patrie. Mais, Sire, on est étonné, que puisque vous vous avouez investi d'une dictature que nous ne vous avons pas déférée, vous ne vous soyez point soumis à une nouvelle élection nationale, pour vous donner cet auguste caractère de légitimité que peut seule vous imprimer la sanction du peuple. On est étonné que vous ayez dicté, d'une manière absolue, et avec des modifications illusoires, une charte qui aurait dû être discutée et proposée à l'acceptation libre de la nation, par ses trente mille représentans. On est étonné qu'un empereur, dont nous avons connu, il y a moins de vingt ans, les principes républicains, ait autorisé de son sceau l'institution d'une hiérarchie essentiellement monarchique et presque féodale, non plus environnée du prestige des siècles et appuyée sur des noms respectés depuis quatorze cents ans par nos pères, mais fondée, pour ainsi parler, sur une aristocratie de bassesse et de servilité. On est étonné que l'acte additionnel mentionne quelques-uns de nos droits sans nous offrir de garantie, et qu'en le violant déjà, tous les jours, dans le plus important de ses articles, celui de la liberté individuelle, vous ne craigniez pas de nous rappeler le passé, et de nous épouvanter sur l'avenir. On est étonné que, lorsque vous vous décidez à convoquer le Champ-de-Mai, seulement pour dépouiller des scrutins, vous n'ayez pas songé qu'en vous déterminant à régner *sur* la nation, au lieu de régner *par* elle et *pour* elle, vous autorisez le comte de Lille à se dire toujours : Louis, par la grâce de Dieu, roi de

France et de Navarre ; les alliés , à couvrir leur entreprise du prétexte de détruire un homme sans combattre la France ; nous, à hésiter et à chercher avec inquiétude dans les chances de l'avenir, de quel côté est vraiment la patrie. On est étonné que vous ne redoutiez pas une explosion révolutionnaire , qui ferait voler le trône impérial en éclats, et pourrait nous livrer en proie à tous les maux de la guerre civile, à toutes les commotions de l'anarchie.

On espère que Votre Majesté sentira combien plus puissans auraient été les efforts de Porsenna , si Brutus, après l'expulsion des rois, s'était arrogé toute leur puissance, et avait voulu armer Rome, non plus pour la cause de la liberté, mais pour la querelle d'un seul. On espère, qu'en réfléchissant à tout le sang que la France a, depuis quinze ans, versé pour vous, à tous les sacrifices que lui a coûtés votre grandeur, à toutes les chances désastreuses que vous lui faites encourir aujourd'hui, vous voudrez bien au moins ne pas lui contester la possession de ses droits imprescriptibles. On espère que vous laisserez discuter l'acte additionnel, et que vous accepterez du peuple une charte qui établisse un gouvernement fort de la vigueur monarchique et de la liberté républicaine ; alors la France se croira vraiment outragée par les potentats qui oseraient s'immiscer à nos délibérations et nous imposer des lois ; alors la France sera toute entière en armes sur les frontières, pour la défense d'un sceptre devenu son appui, et d'un trône devenu là patrie ; alors, en régnant par les lois qui nous auront rendu le grand peuple, vous serez vraiment Napoléon-le-Grand ; vous trouverez dans notre admiration et dans notre amour la sauve-garde de votre dynastie ; et quand vous marcherez au capitole, environné des bénédictions de l'empire, vous sentirez combien les triomphes d'Auguste sont plus doux et plus beaux que ceux d'Octave.

Sire, j'ai exposé à Votre Majesté, avec la franchise d'un soldat et la fermeté d'un citoyen, vos dangers, nos griefs, et le *sine quâ non* de la conservation du trône impérial ; j'ai dû le faire, je l'ai fait, je ne m'en repentirai point. Vous verrez dans cet écrit la preuve d'un dévouement plus vrai que celui des courtisans, dont l'adulation vous a, une première fois, perdu ; et vous n'improuverez pas qu'après avoir déjà trois fois versé mon sang à vos côtés pour la patrie, j'ose réclamer ses droits. Caton, un peu plus jeune que moi, demandait un poignard pour assassiner Sylla, moi, Sire, s'il fallait que le despotisme pesât sur mon pays, je ne m'armerais que de la plume; mais quand il s'agira de combattre pour les intérêts de la France, vous me trouverez une épée, et vous pouvez être sûr que rien ne me sera plus doux que de me dire, avec le plus profond respect,

DE VOTRE MAJESTÉ IMPÉRIALE,

SIRE,



Le très-humble, très-obéissant serviteur, et fidèle sujet,

NARCISSE-ACHILLE DE SALVANDY,

*ci-devant Officier du 18e régiment d'infanterie de ligne, et Mousquetaire noir.—Étudiant en droit.*

DE L'IMPRIMERIE DE MAME, RUE DU POT-DE-FER.

www.ingramcontent.com/pod-product-compliance
Ingram Content Group UK Ltd.
Pitfield, Milton Keynes, MK11 3LW, UK
UKHW032031260826
14628UKWH00006B/2873

9 782012 46555